LES
Gourmandises
DE
CHARLOTTE

PAR JEANNE SAMARY

Préface de M. ÉDOUARD PAILLERON

ILLUSTRATIONS DE JOB

Pièce cartonnée
4° Y² 1687

R182883

LES
Gourmandises
DE
Charlotte

PAR JEANNE SAMARY

Préface de M. Édouard Pailleron

ILLUSTRATIONS DE JOB

PARIS
LIBRAIRIE HACHETTE ET Cie
79, Boulevard Saint-Germain, 79
1890

CHROMOTYPOGRAPHIE J. CRÉTÉ

CORBEIL

A MADAME JEANNE SAMARY

Mon cher Confrère,

Donc, vous voulez que je vous présente au public, non plus cette fois comme artiste (vous rappelez-vous Petite Pluie *? Est-ce déjà assez loin de nous, mon Dieu!), non plus, dis-je, comme artiste, mais comme femme de lettres.*

Vous voulez que j'explique au lecteur pourquoi vous avez pris la plume, et un peu aussi, peut-être, que je vous en excuse.

Vous voulez qu'il apprenne de moi que votre opuscule n'est qu'un simple recueil d'élucubrations maternelles et n'a d'autre but, après avoir amusé vos enfants, que d'amuser les enfants des autres.

Bref, vous me demandez de faire une annonce.

Eh bien! « Vous serez obéie! » comme disent les tragiques. Cette annonce que vous me demandez, je vais la faire et de grand cœur, et tout de suite encore.

Le temps de mettre les gants blancs traditionnels, de frapper les trois coups réglementaires et d'exécuter les trois saluts d'usage.... Je commence:

« *Mesdames ! Messieurs !*

« *Le morceau de littérature, pour fillettes et garçons du premier âge, que nous avons l'honneur de vous soumettre aujourd'hui n'a rien de littéraire, je me hâte de vous le dire avant que vous ne vous en aperceviez.*
« *Ce n'est pas une histoire, ce n'est pas une fable, ce n'est pas même un conte.*
« *C'est une sorte de récit, ou, plutôt, de récitatif, de mélopée, comme les mères en inventent (paroles et musique) pour calmer et convaincre les babys en rébellion par trop ouverte contre l'eau froide, l'huile de ricin et autres nécessités hygiéniques et sociales ; c'est une série de variations nouvelles sur des thèmes connus ; un prétexte à images, un commentaire très gai quoique moral, très spirituel quoique instructif, des mille et un incidents, ou accidents, de jour ou de nuit, comiques ou déplorables, que l'on pourrait appeler justement* LES DRAMES DE LA « NURSERY » *et qui, seuls, ont le privilège de passionner les tout petits enfants parce que ce sont les seuls drames de la vie qu'ils connaissent, les chérubins !*
« *Est-il nécessaire d'ajouter que, dans la conception d'une pareille œuvre, le but de l'écrivain ne pouvait être que modeste ?*
« *Ce but, il l'aura atteint et il s'estimera largement récompensé de ses efforts, si, grâce à son influence persuasive, la statistique de l'avenir constate, chez le jeune peuple qu'il vise, quelques ablutions de plus, et... quelques indigestions de moins.* »

(RIDEAU)

ÉDOUARD PAILLERON

LES GOURMANDISES DE CHARLOTTE

Les enfants qui ne veulent manger que des sucreries ne se doutent pas de ce qui peut leur arriver.

Ah! comme ils mangeraient de la soupe, des œufs et de la viande s'ils connaissaient l'histoire de Charlotte!

Elle avait quatre ans. Le jour de Pâques, sa maman, qui la gâtait beaucoup, avait mis à côté d'elle, pendant qu'elle dormait, un magnifique œuf en sucre rose.

Charlotte entend du bruit, elle ouvre les yeux : « Oh ! mon Dieu ! le beau coco, regarde-le donc, Zozor ! »

Mais Zozor, très calme, se borne à tirer la langue.

Charlotte saute de son lit. « Voyons, Zozor, tu n'es pas content, tu ne bouges pas, danse un peu avec moi... Non?... Eh bien, veux-tu tâter du goût du coco. » Et Charlotte lèche l'œuf. « Oh! il est joliment fameux! Tu sais, c'est du vrai sucre. Et puis, ça sent un peu comme de la cerise. »

Zozor donne un grand coup de dents,
et voilà le beau coco en mille miettes!
 Sitôt habillée, Charlotte se précipite sur
le plus gros morceau; mais Georgette
entre, elle apporte le déjeuner.
Zozor se sauve sous le lit,

et Charlotte crie :

« J'veux pas d'cette soupe-là !
— Veux-tu de la panade ?
— Non !
— Du racahout ?
— Non !
— Aimes-tu mieux du chocolat ?

—Tiens, v'là ce que j'en fais de ton vieux chocolat!
— Veux-tu du bouillon?—Non!
— De la soupe au lait, de la bouillie?—

Non, non, non! J'veux du coco en sucre. J'en veux, na, et Zozor aussi!
— Tu sais, moi, ça m'est égal. Mais si tu ne manges que des sucreries, tu seras toute maigre, toute pâle, et tu deviendras toute petite. Du reste je suis bien sûre que tu mangeras à midi. »

A midi, sa maman, son papa, son grand-père, sa grand'mère lui promettent toutes sortes de joujoux si elle mange bien son œuf à la coque. Elle hurle : « J'veux pas de ce méchant coco-là ! J'veux du coco en sucre. J'en veux, na, et Zozor aussi ! »

Désolée de voir qu'à ne manger que des sucreries Charlotte rapetisse tous les jours, sa maman va consulter le docteur, qui lui dit : « Madame, votre fille va devenir petite comme une naine si elle ne mange que du sucre. Pour la guérir, purgez-la et trempez-la tous les matins dans l'eau froide. »

Charlotte crie : « J'veux pas m'purger, j'aime pas l'eau, j'veux du sucre ! » Et en montrant sa langue au docteur elle lui fait un énorme pied de nez.

« Ma petite fille, aux enfants gentils je donne de belles images : à vous, méchante, je donne un paquet de verges. Votre maman s'en servira si vous n'obéissez pas. »

Mais Charlotte, qui n'écoute rien, rapetisse à vue d'œil. Alors les gamins rient quand elle passe avec ses habits trop grands, et l'appellent « Petit Mardi-Gras ».

Vous croyez peut-être que cela la corrige? Pas du tout. Elle s'entête, et devient tous les jours plus petite.

On lui achète d'abord des habits d'enfant de trois ans; puis de deux ans; puis un maillot, comme à un tout petit. Enfin elle rapetisse encore : Georgette lui met une robe de poupée et la fourre dans sa poche pour la promener.

Zozor, fier de se voir plus grand qu'elle, jure de se bourrer de pâtée pour ne pas devenir aussi ridicule que sa maîtresse.

Cependant elle est plus arrogante que jamais. Ses cousines, Jeanne, Marie, Madeleine et Louise, font une partie de ballon.

Elle prétend jouer aussi et se fourre si bêtement entre le ballon et le pied de Jeanne, qu'elle est lancée en l'air, et retombe en se faisant mille bosses.

Guérie de ses bosses, mais toujours aussi gourmande, un beau jour elle avise le goûter de ses cousines. Elle grimpe le long de la nappe et arrive à une grande jatte posée sur la table.

« J'voudrais bien voir ce qu'y a là dedans. C'est ennuyeux, j'suis trop petite. J'vais monter sur un verre. C'est d'la crème au chocolat! » Mais Charlotte, en sautant de joie, glisse et pique une tête dans la crème.

Heureusement ses cousines Jeanne, Marie, Madeleine et Louise accourent pour goûter. Georgette va leur servir la crème, elle plonge la cuillère dans la jatte : horreur, elle ne sait ce qu'elle attrape. On dirait des cheveux ! C'est Charlotte !!!

« Ah mon Dieu !

« Mais elle est dégoûtante, cette petite !

« Comment la laver ? Sa baignoire est trop grande. Je vais la tremper dans une casserole. » Elle l'installe ; et pendant qu'elle va chercher un mouchoir pour la sortir du bain,

Angélique, la cuisinière, revient du marché. Furieuse qu'on ait touché à ses casseroles, elle bougonne contre les gens qui se sont permis d'entrer dans sa cuisine : « C'est pas supportable ! Madame dira encore que je suis toujours en retard ». Elle empoigne la casserole pleine d'eau et la met sur le feu.

Charlotte, qui d'abord n'osait pas bouger, trouve bientôt la chaleur agréable ; mais tout à coup cela la brûle. Elle pousse des cris de paon, tels que la cuisinière se sauve épouvantée.

Georgette retire bien vite Charlotte de la casserole; mais pendant qu'on la rhabille, elle voit la cuisinière qui épluche des pommes.

Elle se faufile par terre, prend la plus grosse et la croque à belles dents.

Par malheur la cuisinière s'en aperçoit et crie que si elle met la main sur le voleur, elle le coupe en quatre avec son grand couteau de cuisine.

Charlotte, effrayée, se fourre sous les épluchures, où elle se régale tellement, qu'elle reste là jusqu'à la nuit, et

que, sans la voir, la cuisinière la descend et la jette sur le tas avec les ordures.

Ses pauvres parents, très tourmentés, après l'avoir cherchée dans tous les coins, descendent voir s'ils ne la trouveront pas dans la rue.

Zozor, qui flaire par terre,

ramasse tout d'un coup, dans les ordures, quelque chose qu'il secoue avec joie. Son maitre reconnait Charlotte, sale, crottée et sentant horriblement mauvais!!!

« Eh bien, tu es dans un bel état!!! Georgette, débarbouillez-la vite et couchez-la. Oh! tu peux pleurer, je ne te plains pas. C'est bien fait; le bon Dieu t'a punie d'être trop gourmande. » Charlotte sanglote et se trouve bien malheureuse.

On la couche, mais elle ne peut pas s'endormir.

Tout à coup elle se sent trainer hors de son lit. Elle ne peut pas crier, tant elle a peur, et n'ose pas regarder qui l'emporte.

Enfin elle risque un œil, et recule épouvantée, en voyant assis devant elle un vieux gros rat à barbe grise. Comme elle veut se sauver, le rat l'empoigne : « Allons ! ne fais pas l'imbécile : tu es dans ma maison et tu y resteras! »

Charlotte se jette à genoux : « Oh ! M. le Rat, ne me mangez pas! » Le rat se tord de rire. « Ah! ah! tu es bien trop maigre! Mais comme tu es très gourmande, tu feras une bonne cuisinière.

Pendant que je vais au *Café du Chat Mort* faire ma partie de billard, prépare mon dîner et mets le couvert.

— Je ne vois pas de table, Monsieur le Rat.

— Cette boîte d'allumettes est ma table; et ce bouchon, mon tabouret. Allons, à la cuisine, et plus vite que ça. »

Charlotte pleure, et se bouche le nez en approchant du dîner du rat : deux vieilles croûtes de fromage et une cerise pourrie.

M. le Rat roule des yeux furieux, va chercher son martinet et prévient Charlotte que si tout n'est pas prêt à son retour, elle recevra une correction terrible.

La pauvre Charlotte profite du départ de M. le Rat pour se sauver, et saute de joie en se retrouvant dans la cuisine. Mais elle entend du bruit, et n'a que le temps de se cacher dans le coke. Mon Dieu, c'est encore le rat !

Non ! c'est Georgette qui vient chercher du charbon. Charlotte est prise, emportée et jetée dans le feu. La malheureuse, qui commence à griller, pousse des cris affreux.

Georgette aussitôt la retire avec les pincettes et souffle sur ses cheveux pour les éteindre.

Charlotte, désolée et corrigée, grimpe sur l'épaule de son père pour lui demander pardon d'avoir été si méchante.

« Je veux changer, Papa chéri. Je suis trop malheureuse d'être si petite. Je veux manger beaucoup, beaucoup, pour devenir grande comme j'étais. »

Son papa, ravi, l'embrasse et l'emmène vite à table, où elle mange comme un petit loup.

Elle se bourre même trop; car au bout de huit jours elle est si grosse et si gonflée que les enfants lui rient au nez quand elle va, avec ses robes trop courtes, leur demander de jouer avec elle.

Alors elle est obligée de se promener sérieusement dans les rues, comme une dame; mais quelle honte quand elle entend les collégiens dire :

« Oh! quelle tête! »

« On dirait un ballon du Louvre! »

« Prends garde, Maurice, elle va éclater! »

Elle est désolée, et retourne avec son papa chez le docteur. Cette fois, elle est charmante, et écoute tout ce qu'on lui dit. Aussi, quand elle s'en va, le docteur lui donne un magnifique livre d'images et recommande bien à ses parents de lui faire manger tous les jours

à déjeuner,

à dîner,

un œuf à la coque,

du bon bouillon,

une côtelette

de la sole

et des pommes de terre,

et du poulet.

Charlotte mange tout ce qu'on veut, et obéit si bien

à son papa et à sa maman, qu'au bout d'un mois elle est devenue la plus jolie petite fille de Paris : ni trop petite, ni trop grande, avec de belles joues roses, et l'air si sage et si bon, qu'on la prendrait pour la sœur du Petit Noël.

Ses parents, depuis qu'elle est si charmante, raffolent d'elle; pour la récompenser, ils l'emmènent chez un marchand de joujoux et lui achètent tout ce qu'elle veut. Ils lui offrent même une grande boite de bonbons; mais Charlotte, qui sait tout le mal que sa gourmandise lui a fait, remercie sa maman, et l'embrasse bien fort en lui promettant de ne plus jamais manger de sucreries.

CPSIA information can be obtained
at www.ICGtesting.com
Printed in the USA
LVHW080031180621
690506LV00008B/421